Rund um den Bodensee...

Verlag Stadler Konstanz

 Blick auf Konstanz und den Obersee

Konstanz ● ● ● ● ● ● ● ● ● ● ●

Was wäre der Bodensee ohne Konstanz, die Metropole am See. Eine moderne Stadt mit lebendiger Geschichte, seit 1966 auch Universitätsstadt, mit einem vor den Toren gelegenen Campus für mehr als 10000 Studierende und einem dementsprechend vielseitigen kulturellen Angebot. Studentisches Leben auch in den mittelalterlich verwinkelten Gassen der Altstadt: jede Menge Kneipen und Weinstuben gibt es in den historischen Häusern, über die am höchsten Punkt das spätgotische Münster wacht. Hier zeigt sich auch am deutlichsten die Verbindung von Geschichte und Moderne. Dem Münster gegenüber prangt in kräftigem Rot der Neubau des Konstanzer Kulturzentrums mit Bücherei, Galerie und viel Platz für die verschiedensten kulturellen Aktivitäten.

Alt und neu auch am Hafen: dort, wo die Schiffe der „Weißen Flotte" zu ihren Kreuzfahrten über den Bodensee starten, landeten einst die Lastensegler, beladen mit Pelzen, Leinen, Gewürzen. Von der Bedeutung des Handels für das mittelalterliche Konstanz zeugt noch das 1388 errichtete Kaufhaus, heute Konzilsgebäude genannt, weil hier 1417 während des Konstanzer Konzils (1414 – 1418) die einzige Papstwahl auf deutschem Boden stattfand. Auf dieses Ereignis bezieht sich indirekt auch die imposante Figur der „Imperia" an der Hafenmole, ein heftig umstrittenes und gleichzeitig viel beachtetes Werk des zeitgenössischen Künstlers Peter Lenk aus Bodman-Ludwigshafen.

Hier, am Hafen, beginnt auch der Uferweg entlang des Konstanzer Trichters, der durch den im 19. Jahrhundert mit Resten der abgebrochenen Stadttürme und -tore aufgeschütteten Stadtgarten, vorbei am Dominikanerkloster auf der Insel, heute ein Hotel des Steigenberger Konzerns, über die alte Rheinbrücke, entlang der ebenfalls im 19. Jahrhundert aufgeschütteten Uferpromenade, der Seestraße, und bis hinaus zu den Freizeiteinrichtungen führt, dem Jakobsbad und dem Freibad Hörnle, zu dem der Eintritt aus Tradition seit jeher frei ist. Von hier aus hat man auch den schönsten Blick auf das größte Feuerwerk am See, das alljährlich im August als Höhepunkt des Seenachtfestes in der Konstanzer Bucht entzündet wird.

 Sommerleben auf der Marktstätte

Die Konstanzer Seestraße mit ihren berühmten Jugendstilfassaden

 Das aus dem Jahr 1388 stammende Kaufhaus, kurz Konzil genannt, mit der Hafenuhr

Der Konstanzer Hafen mit Imperia und Konzil (oben) und der Schiffsanlegestelle

Als Walahfrid Strabo, der ehemalige Abt des Klosters auf der Insel Reichenau, zwischen 830 und 840 in seiner Mönchszelle das Gedicht „De culturam Hortorum" über die Kräuter schrieb, ahnte er noch nichts vom heutigen Gemüsebau, der den Inselbewohnern neben Fischerei, Weinbau und den in den Kloster- und Kirchenbauten erhaltenen Kulturgütern soviel Reichtum bescherte. 24 Heilkräuter, Küchen- und Zierpflanzen hatte der Abt in der wohl ersten Kunde vom Gartenbau in Deutschland beschrieben, viele davon werden heute noch angebaut. Walahfrid ging schon als kleiner Junge in die Schule des 724 nach Christus vom Wanderbischof Pirmin gegründeten Benediktinerklosters Reichenau. Damals war dies eine der bedeutendsten Abteien des Fränkischen Reiches und zwei Jahrhunderte lang geistiger und kultureller Mittelpunkt Europas.

Stumme Zeugen dieser Wiege abendländischer Kultur sind die drei romanischen Kirchen St. Georg, St. Maria und Markus sowie St. Peter und Paul. Berühmt geworden ist auch die Bibliothek, die zu Beginn des 9. Jahrhunderts zu einer der bedeutendsten ihrer Zeit aufgebaut wurde. Im 10. und 11. Jahrhundert erlebte die 1757 aufgelöste Abtei mit ihrer Malerschule die Blütezeit in der Buch- und Wandmalerei. Im Heimatmuseum, in der Münster-Schatzkammer und an den Kirchenwänden sind die wertvollen Werke noch allgegenwärtig.

Dem Abt Walahfrid zu Ehren wurde der Klostergarten, der Hortulus, wieder angelegt. Duft- und Geschmacksproben des Heilkräutergartens gibt's kostenlos. Geehrt fühlen sich aber die 120 Vollerwerbs- und mehrere Dutzend Nebenerwerbsgärtner, wenn man ihnen bei der Arbeit über die Schulter schaut, wenn sie wie emsige Bienen auf den Feldern mehrere Millionen Salatköpfe, 2,5 Millionen Kohlrabi oder 1,8 Millionen Rettiche ernten. Spitzenreiter sind übrigens die Gurken: über zwölf Millionen Stück machen jährlich als nahrhafter Bote bundesweit Werbung für die größte Bodenseeinsel. Die Reichenauer wissen eben, warum sie diese „schöne Au", die „schöne Insel" mit ihrem unvergleichlichen Klima erhalten müssen. Kein Wunder, bei der Nähe zum direkt am Inseldamm liegenden Wollmatinger Ried, das mit 776 Hektar Fläche das größte zusammenhängende Naturschutzgebiet Baden-Württembergs ist. Dort haben gefährdete Tier- und Pflanzenarten ein Refugium gefunden, auch Bachstelzen, Brachvögel, Sibirische Schwertlilie oder das besonders rare Bodensee-Vergißmeinnicht bleiben so für künftige Generationen erhalten.

Insel Reichenau mit der Kirche St. Peter und Paul in Niederzell

 Ottonische Wandmalereien in der Kirche St.Georg in Oberzell (unten), erbaut 888 bis 913

Foliengewächshäuser und ein verträumter Winkel in Niederzell

 Die Reichenauer Schiffslände gegenüber dem Schweizer Ufer

Einer der letzten Reichenauer Fischer. Zum Trocknen aufgehängte Fischernetze

 Insel Mainau (oben). Frühling auf der Mainau mit Alpenpanorama

Mainau

Am schönsten ist ein Insel-Spaziergang an einem frühen Sommermorgen. Ehe der große Parkplatz sich füllt und die Schiffe die Besucherscharen über den See bringen, präsentieren sich Park und Gärten noch ruhig und ungestört. Mit rund 1,7 Millionen Besuchern pro Jahr ist die Mainau die größte Touristenattraktion am Bodensee. Und dennoch ist die Insel mit ihrer subtropisch anmutenden Pflanzenfülle ein kleines Paradies. Bekannt und berühmt in erster Linie wegen der dem Jahreslauf folgenden Blütenpracht, von den Tulpen und Narzissen im Frühjahr über die üppige Rosenblüte bis zur Dahlienschau im Frühherbst, die ein Feuerwerk der Farben entfaltet. Den mediterranen Charakter verleihen der Mainau Bananenstauden, Palmen und Zitrusfrüchte sowie das Arboretum mit den gewaltigen, über 100 Jahre alten Bäumen, mit denen einst Großherzog Friedrich I. von Baden das „Gartenparadies" im Bodensee begründete. Durch ihn, seinen Urgroßvater, ging die Mainau 1932 an Graf Lennart Bernadotte über, der die Insel der Öffentlichkeit zugänglich machte, den einst verwilderten Park in ein Pflanzenparadies verwandelte und auch die prächtigen Barockbauten restaurierte: die von Johann Kaspar Bagnato geschaffene üppig ausgestattete Schloßkirche und das daneben gelegene, ebenfalls von Bagnato erbaute Schloß mit den drei Flügeln, Sitz der Familie Bernadotte.

Heute ist die Mainau weit mehr als ein Blumenparadies. Als „Insel der fünf Jahreszeiten" bietet sie neben der Natur auch Kultur, unter anderem mit wechselnden Ausstellungen im Schloß oder den Schloßparkkonzerten an lauen Sommerabenden. Längst ist das subtropische Eiland nicht mehr nur ein Schönwetter-Ziel. Auch bei Regen oder in den Herbst- und Wintermonaten hält die Mainau Interessantes bereit: da ist die Multivisionsschau im Gärtnerturm, im ganzjährig geöffneten Schmetterlingshaus lassen sich farbenprächige Falter aus heimischen, subtropischen und tropischen Regionen hautnah beobachten. Und das neue Palmenhaus, das den „Exoten" während des kühlen Bodensee-Winters Schutz bietet, wartet vom Herbst bis zum Frühjahr mit zahlreichen Aktionen auf.

Die barocke Mainauer Schloßkirche St. Marien und der italienische Rosengarten

Der Bodanrück, die Landzunge zwischen Überlinger- und Untersee, ist noch immer ein wenig ein Geheimtip. Abseits der Hauptrouten bietet dieser Landstrich aus Wäldern, Wiesen und Feldern Ruhe und Abgeschiedenheit. Ein ausgedehntes Wegenetz lädt ein zu Wanderungen und Radtouren über diesen Höhenzug, von dem aus immer wieder der Blick frei wird auf den tief unten liegenden See. Dazwischen malerische, gepflegte kleine Dörfer mit gemütlichen Lokalen und Vesperstuben. So richtig ins idyllische Bild passen auch die oft etwas versteckt liegenden Schlößchen, zum Beispiel Schloß Freudental, ein von 1699 stammendes barockes Kleinod mit prachtvollen Stuckdecken und Deckengemälden. Oder das an einen Herrensitz erinnernde, ebenfalls Ende des 17. Jahrhundert erbaute Schloß Langenrain.

Von Langenrain aus führt ein Wanderweg direkt zur etwa zwei Kilometer nordöstlich, im Wald gelegenen mittelalterlichen Ruine Kargegg. Hier beginnt der Weg hinunter zum Überlinger See durch die sagenumwobene Marienschlucht, eine 100 Meter lange, an manchen Stellen nur einen Meter breite Felsspalte mit bis zu 65 Meter hohen Steilwänden. Am Ufer angekommen, kann man vorgelagert bei Niedrigwasser den Teufelstisch erkennen, eine Felsplatte, die immer wieder Taucher anzieht und schon manchem zum Verhängnis wurde.

Ein Ausflugsziel vor allem für Familien ist der Wild- und Freizeitpark Allensbach mitten auf dem Bodanrück, ein rund 75 Hektar großes Gelände, auf dem einheimische, in freier Wildbahn kaum noch zu findende Tierarten, zum Beispiel Braunbären, Luchse, Wölfe in großen Freigehegen leben. Von hier ist es nicht weit zum Mindelsee, ein Moränensee aus der Eiszeit, dem man eine unterirdische Verbindung zum Bodensee zuschreibt. Der verwunschene kleine See und sein verlandeter Uferbereich stehen als wertvolles Feuchtbiotop mit reicher Vegetation unter Naturschutz – Baden ist aber an der ausgewiesenen Stelle erlaubt. Der mit Seerosen überzogene Mindelsee ist ein Revier für die selten gewordenen Welse, aber auch Brutgebiet für viele Wasservogelarten.

 „Urwald“ auf dem Bodanrück (oben) und die wild-romantische Marienschlucht bei Bodman

Der Mindelsee bei Möggingen, idyllisches Naturschutzgebiet auf dem Bodanrück

 Malerisch – Schloß Freudental, erbaut zwischen 1698 und 1700

Allensbach, am Ufer des Gnadensees gelegen, mit der Insel Reichenau im Hintergrund

Radolfzell ● ● ● ● ● ● ● ● ●

Samstagmorgen, neun Uhr, über dem Radolfzeller Marktplatz liegt der Duft von frisch geschnittenen Blumen, am Vorabend geerntetem Gemüse und fangfrischem Fisch, von Kretzer und Felchen aus dem Untersee. Die Bauersleut' von der gegenüberliegenden Halbinsel Höri oder vom Bodanrück bieten ein buntes „Tischleindeckdich" der Natur an, zwischen dem prächtigen Münster „Unserer Lieben Frau", dem Österreichischen Schlößchen und proper hergerichteten Bürgerhäusern. Anschließend geht's zum Frühschoppen in die Altstadt, in die Weinstube Baum, dem „Scharfe Eck" oder ins Münsterstüble, wo man mit den Gästen auf ein Viertele zusammensteht und ihnen den einen oder anderen Geheimtip für einen schönen Tag am Untersee verrät.

Besonders malerisch zeigt sich die Innenstadt in der Seestraße, wo alte Fischer- und Bauernhäuser aus dem 18. Jahrhundert mit ihren riesigen Speichertüren unter den Dachgiebeln noch von ihrem Ursprung zeugen. Über allem thront das Münster, eine gotische Pfeilerbasilika. An dieser Stelle hat der Bischof Ratoldus von Verona 826 nach Christus die „Cella Ratoldi" gegründet und somit den Grundstein der heutigen Unterseemetropole gelegt. Schon vor Jahren feierte sie als Hauptstadt für Natur- und Umweltschutz die Bemühungen um eine intakte Umwelt.

Besonders erholsam muß auch hier das Klima sein. Schließlich lassen sich alljährlich Tausende Zugvögel im Naturschutzgebiet der Halbinsel Mettnau nieder, direkt neben den Kuranlagen, wo seit 1958 „Heilung durch Bewegung" verordnet wird. Auf der Mettnau erholte sich schon der Dichter und Malerpoet Joseph Victor von Scheffel. Sein Schlößchen blieb bis heute erhalten.

Unbedingt besucht haben muß man aber eine der traditionsreichsten Veranstaltungen am Untersee: am dritten Montag im Juli, dem Hausherrenmontag, fahren die Nachbarn aus dem Höridörfchen Moos in blumengeschmückten Booten über den morgendlichen See und werden am Radolfzeller Ufer von kirchlichen und weltlichen Würdenträgern empfangen. Diese Wasserprozession geht auf ein vor 170 Jahren gegebenes Versprechen der Mooser zurück, als diese von einer Viehseuche verschont blieben. Die Höri, hier soll der Herrgott am Ende seiner Schöpfung gesagt haben „jetzt hör i auf", ist wegen der reizvollen Kulturlandschaft mit unzähligen Streuobstwiesen und malerischen Winkeln schon seit Jahrzehnten unter Dichtern und Künstlern als Refugium beliebt.

 Hafenmole in Radolfzell

Radolfzell – Blick vom Münsterturm (oben) und Seepromenade mit Konzertmuschel

 Liebesinsel vor der Halbinsel Mettnau (oben) und das Ried im Naturschutzgebiet Mettnau

Die aus dem 16. Jahrhundert stammende Kapelle St. Blasius in Kattenhorn auf der Höri

 Blühende Obstbäume in der Nähe von Gaienhofen auf der Höri

Obst ● ● ● ● ● ● ● ● ● ● ●

Die Obstgärten prägen seit jeher das landschaftliche Bild am Bodensee. Im Frühjahr hüllen sie die fruchtbaren Uferregionen und Seitentäler in einen weißen und rosa Schleier, im Herbst leuchtet die Farbenpracht rotbackiger Äpfel zwischen prallem Grün. Noch immer ist der Obstbau auch ein bedeutender Erwerbszweig: rund 2000 Obstbauern, darunter etwa 40 Öko-Betriebe, gibt es in der deutschen Bodenseeregion, in erster Linie werden Äpfel angebaut – das deutsche Ufer ist Deutschlands größte Apfelanbauregion – in geringerem Umfang auch Birnen, Kirschen und Zwetschgen. Gearbeitet wird nach den strengen Richtlinien der Integrierten Produktion, also mit sparsamer Düngung und weitgehend ohne den Einsatz von Schädlingsbekämpfungsmitteln, weshalb die Bodensee-Äpfel auch das Gütesiegel des Landes tragen.

Bodensee-Obst ist allgegenwärtig: zur Erntezeit sind die Früchte frisch vom Baum oder Strauch direkt ab Hof oder an den zahlreichen Ständen am Straßenrand zu kaufen, auf den Wochenmärkten und in Supermärkten. Ein neues Vermarktungskonzept für regionale landwirtschaftliche Produkte wurde zusätzlich durch die Bauernmärkte entwickelt, die es inzwischen in Radolfzell und Konstanz gibt. Sie sollen mithelfen, den Bestand der Landwirtschaft und damit auch der alten Kulturlandschaft am Bodensee auf Dauer zu sichern. Dazu gehören vor allem die landschaftsprägenden Hochstamm-Obstbäume, die in den vergangenen Jahrzehnten in großer Zahl den einträglicheren Plantagen weichen mußten. In der Zwischenzeit gelten viele Bemühungen deshalb der Erhaltung dieser Streuobstlandschaft, deren Produkte als Most, Saft oder sogar als Apfelcidre auf den Markt kommen.

Wer mehr über das Bodenseeobst wissen will, kann sich die Informationen auf unterhaltsame Weise bei einer Wanderung durch die Obstgärten verschaffen, zum Beispiel auf dem „Apfelweg“ bei Immenstaad-Kippenhausen, der an 20 Stationen auf Farbtafeln die in den Obstgärten angebauten Sorten vorstellt und über die Anbaumethoden genau informiert.

In der Erntezeit überall am Bodensee anzutreffen – Obststände am Straßenrand

 Blick von der Terrasse des Schlosses Arenenberg auf den Untersee

 Das Kloster St. Georgen in Stein am Rhein, das heute das Heimatmuseum beherbergt

Stein am Rhein, Insel Werd ● ● ●

Die Halbinsel Höri ist eines der schönsten Eingangstore in die Schweiz. Nur drei Kilometer vom malerischen Städtchen Öhningen mit seinem 965 gegründeten Augustiner-Chorherrenstift und kurz vor dem eidgenössischen Städtchen Stein am Rhein mündet der Untersee in den Hochrhein. Dieser Tatsache verdankt Stein seine Entstehung und seinen Reichtum. Schon im Mittelalter mußten hier die Waren von großen Ledíseglern, den einstigen Frachtschiffen, auf die Rheinfähren umgeladen werden.

Auf der inmitten des Flusses liegenden und nur über einen schmalen Steg von Eschenz aus zu erreichenden Insel Werd ist auch ein Stück Paradies erhalten geblieben. Das Eiland wurde nach der Besiedlung durch Pfahlbauer, Kelten und Helvetier von den Römern im Jahre 50 nach Christus als „Brückenpfeiler“ über den Rhein benutzt. Heute wohnen hier, in einem kleinen zweistöckigen Giebelbau, sieben Brüder in einer Gemeinschaft nach den Regeln des Heiligen Franziskus. Demnach müssen sie auf der nicht einmal fußballfeldgroßen Insel, inmitten geruhsamer Beschaulichkeit, zwischen Schilf und selbstbestelltem Gemüsegarten, zwischen Möwen, Enten und Schwänen, in Armut, Ehelosigkeit und Gehorsam leben. Von ihrem kleinen Paradies aus sind sie in Seelsorge, Sozialarbeit und einigen Gemeinden tätig. Besucher sind jederzeit willkommen, auch zu den Messen in der im 9. Jahrhundert erbauten Kapelle, die nach dem Heiligen Othmar, dem ersten Abt des Klosters St. Gallen, benannt ist. Othmar starb auf Werd in der Verbannung.

Stadttore, verwinkelte Gäßchen, schmucke Bürgerhäuser, erker- und freskengeschmückte Fassaden, nirgendwo in der Schweiz sind sie so gut erhalten geblieben wie in Stein, das man deswegen auch das „Rothenburg vom Bodensee“ nennt. So gehört etwa das Haus „Zum Weißen Adler“, noch heute im Besitz der Zunft „Zum Kleeblatt“, mit seinen Wandmalereien zu den schönsten Gebäuden der gesamten Eidgenossenschaft. Am Rheinufer steht das ehemalige Benediktinerkloster St. Georgen, gegründet um 1005. Die heutigen Bauten stammen aus dem 14. bis 16. Jahrhundert. Mit 30 Gaststätten, Restaurants und Wirtschaften bietet das mittelalterliche Städtchen dem Besucher jede Menge Möglichkeiten, die „Schwyzer Chuchi mit Röschti und Gschnetzeltem“ kennenzulernen.

Über der Stadt, mit einem prächtigen Blick auf Hochrhein und Umgebung, steht die aus dem 12. Jahrhundert stammende Burg Hohenklingen. Westlich von Stein, auf halbem Weg nach Schaffhausen, liegt das Städtchen Diessenhofen. Diese ebenfalls mittelalterliche Stadt wird über eine alte Holzbrücke mit dem deutschen Gailingen verbunden.

Bürgerliche Freskenmalerei in Stein am Rhein (oben) und Insel Werd mit der Wallfahrtskapelle St. Othmar

 Blick auf Schaffhausen mit der markanten Fluchtburg Munot aus dem 16. Jahrhundert

Reizvolle Vulkanlandschaft Hegau (oben) und Ruinen der Festung Hohentwiel

● ● ● ● ● ● ● ● Bodman, Sipplingen

Bodensee pur: traumhaft schönes Wetter, Barockwolken und Sonnenschein, der je nach Tageszeit das Wasser des Sees in allen möglichen Grün- und Blautönen glänzen läßt. Mal stürmischer, mal sanfter Wellengang. Man kann zum Segeln, Motorbootfahren oder Baden gehen. Auf dem 572 Quadratkilometer großen See gibt es allein 55300 amtlich registrierte Wasserfahrzeuge, vom Dampf-, übers Motor- und Tretboot bis hin zur Zwölf-Meter-Segelyacht und den Riesen der „Weißen Flotte". Was aber die wenigsten Gäste in dieser schönen Landschaft wissen: der Bodensee ist Trinkwasserspeicher für 4,5 Millionen Menschen. Neun deutsche und acht Schweizer Wasserwerke entnehmen ihm jährlich etwa 170 Millionen Kubikmeter des wertvollsten aller Lebensmittel.

Allein die Bodensee-Wasserversorgung fördert vor Sipplingen am Nordufer des Sees aus 60 Metern Tiefe und zwölf Metern über Grund täglich 360000 Kubikmeter Trinkwasser. Und es gibt dieses Wasser sogar als „Kristall-Bodensee-Tafelwasser" abgefüllt in Flaschen. Das verbriefte Entnahmerecht der BWV liegt bei 670000 Kubikmetern oder 670 Millionen Litern. Im Mittel werden hier rund 4100 Liter Wasser in der Sekunde abgepumpt. Nachdem das kostbare Naß in hochmodernen und jederzeit zu besichtigenden Anlagen auf dem 312 Meter über dem malerischen, ehemaligen Winzerdörfchen Sipplingen gelegenen Sipplinger Berg aufbereitet ist, pumpt man es via 1600 Kilometer Rohrleitungen ins Land Baden-Württemberg. Damit wird die Versorgung von 3,6 Millionen Menschen in 173 Mitgliedsgemeinden und Verbänden gesichert.

Ein paar Kilometer weiter endet der Überlinger See genannte Teil. Hier liegt die Doppelgemeinde Bodman-Ludwigshafen, verbunden durch ein Naturschutzgebiet und eben das Wasser. Wer gut zu Fuß ist, der sollte von Bodman aus hinaufsteigen zum aus dem 17. Jahrhundert stammenden Kloster Frauenberg mit seiner Wallfahrtskapelle und seiner Aussichtsterrasse oder zur Ruine Alt-Bodman.

Einer der schönsten Wanderwege am See entlang führt vom Schloß der Grafen von und zu Bodman aus zur Marienschlucht. Der Ort selbst zählt zu den ältesten Siedlungen am See. Die im 8. Jahrhundert gegründete Kaiserpfalz soll dem Lacus Bodamicus oder Bodman-See sogar seinen Namen gegeben haben.

Blick über Sipplingen auf den Überlinger See und den Bodanrück

 Blick auf Überlingen (oben) und Bootsanlegestelle

Der gotische Nordturm des Überlinger Münsters St. Nikolaus

 Schloß Salem, nach einem Brand von 1597 bis 1600 neu errichtet

Salem-Unterhuhldingen ● ● ● ● ●

Als ob sie den Bodensee vor Ungemach schützen müßte, erhebt sich am Nordufer, umgeben von Wiesen und Weingärten, die 1750 erbaute Wallfahrtskirche Birnau. Hinter ihrem Rücken rollt der Verkehr, vor ihr öffnet sich der See in seiner ganzen Pracht bis hinüber zum Bodanrück und zur Insel Mainau. Direkt zu ihren Füßen: das Kloster Maurach, ein ehemaliges und mittlerweile zur Tagungsstätte umgebautes Nonnenkloster. Zwischen ihren dicken Mauern birgt die vom Baukünstler Peter Thumb errichtete und von Joseph Anton Feuchtmayer ausgestattete Kirche Schätze des Barock: prächtige Malereien, Stuckdecken und Barockengel, wie den berühmten Honigschlecker.

Am Ufer des nahen und immer wieder durch Umweltaktionen bekannt gewordenen Feriendörfchens Uhldingen-Mühlhofen haben seit 75 Jahren die Häuser Stelzen. Das Pfahlbaumuseum im autofreien Unteruhldingen hat schließlich dieser Ecke des Bodensees zu weltweitem Ruf verholfen. In dem aus 15 Häusern bestehenden Museumsdorf, das mit den Jahren auf 2000 in den Seeboden getriebenen Pfählen errichtet worden ist, gibt's Informationen über den Alltag jener Menschen, die in der Stein- und Bronzezeit, also vor teils über 5000 Jahren, am See und in seinem Umland gelebt haben, deren Hinterlassenschaften die Archäologen heute aber immer wieder im Schlick des Bodenseeufers finden.

Zwischen Unteruhldingen und Birnau liegt Seefelden, ein wahres Schmuckstück der gesamten Region. Der Weiler gehört zu den ältesten Pfarreien und sicher zu den verträumtesten Ortschaften am See. Die romantische Häuseransiedlung sollte denn auch der Mittelpunkt eines besonders schönen Spazierganges am Ufer des Sees und des Naturschutzgebietes Seefelder Aach entlang sein.

Nur einige Kilometer weiter, fast direkt neben dem 20 Hektar großen Freigehege des Affenberges und umgeben von sanften Hügeln oder kleinen Weihern, steht mit Schloß Salem ein weiteres Kleinod. Zwar denkt man beim Namen unwillkürlich an das weltberühmte Internat, das 1920 durch Reichskanzler Prinz Max von Baden und den Politiker und Pädagogen Kurt Hahn gegründet wurde, aber im altehrwürdigen Gemäuer und auf dem 17 Hektar großen Areal des 1137 als Zisterzienserkloster errichteten und seit 1804 im Besitz der Markgrafen von Baden befindlichen Schlosses kann man die abendländische Kultur mit einem abwechslungsreichen Programm verbinden: Wechselausstellungen, Feuerwehrmuseum, Kunsthandwerkerhof oder Küfereimuseum und ein Blick in die markgräflich badischen Kellereien sorgen dafür. Frei nach dem Motto: „Neues Leben im alten Schloß". Höhepunkt ist jedoch der Besuch des hochgotischen Münsters aus dem 14. Jahrhundert – steingewordene Geschichte eines halben Jahrtausends.

Eine Eingangspforte zum Schloß Salem (oben). Rekonstruktion eines jungsteinzeitlichen Pfahlbaudorfes in Unteruhldingen

 Hauptwerk J.A. Feuchtmeyers (1696 - 1770) ist die Wallfahrtskirche Birnau – hier der berühmte Honigschlecker (oben) und der Innenraum

Von der zwischen Weinreben gelegenen Wallfahrtskirche Birnau reicht der Blick bis zu den Alpen

 Das Alte Schloß in Meersburg aus dem Jahr 628

Meersburg vom See aus (oben) und Durchblick zum Neuen Schloß, das 1750 erbaut wurde

 Der Winzerort Hagnau mit dem Säntis im Hintergrund

ʼein ● ● ● ● ● ● ● ● ● ● ● ●

hon die alten Römer wußten, welche positiven Auswirkun-
·n der Wärmespeicher Bodensee auf Weinreben hat: die
gionen des Tiberius waren es angeblich, die die Gewächse
s erste aus dem sonnigen Süden mitgebracht haben sollen.
e Mönche haben den Weinbau schließlich weitergepflegt:
f der Insel Reichenau wurde unter Abt Haito I. im Jahre 818
r erste Rebstock gepflanzt. Wenige Jahrzehnte später berief
r Geistliche und Gelehrte Walahfrid Strabo 40 Rebleute aus
m heute am Schweizer Ufer gelegenen Steckborn auf die In-
l, um den Weinbau auszuweiten, der schließlich über viele
hrhunderte hinweg die Grundlage der Landwirtschaft bilde-
. Zeitweise standen auf dem Eiland über 200 Hektar Reben.
96 wurde hier der Winzerverein Reichenau gegründet. Heu-
werden aber gerade noch 15 Hektar mit Müller-Thurgau-,
auen Burgunder-, Grauburgunder-, Kerner- und Gutedelre-
n bepflanzt. Wer die besonders zu Fisch geeigneten raren
opfen im Keller haben will, der muß sich sputen, denn nur
enige Flaschen werden außerhalb der Insel verkauft.
hließlich weiß man auf der Reichenau, was auf der Hoch-
art wächst und was man den Gästen schuldig ist. Genauso
liebt sind aber auch Tropfen aus Kressbronn, Ermatingen,
onstanz, vom Hohentwiel im Hegau und aus Gailingen am
ochrhein.

Der erste Winzerverein Badens wurde schließlich am 20. Ok-
ber 1881 vom Pfarrer und Volksschriftsteller Dr. Heinrich
ansjakob in Hagnau und somit am See gegründet. Eine
adition, die heute noch von 130 Mitgliedern in 60 Winzer-
milien und auf einer Fläche von 130 Hektar gepflegt wird.
e erzeugen jährlich rund 1,2 Millionen Liter Hagnauer
onnenufer" und „Burgstall". Die Lage am Nordufer sorgt
var für vergleichsweise bescheidene Durchschnittstempera-
ren, die sich aber dank der Wärmespeicherkapazität des
es zu einer gerade für den Weinanbau ausgewogenen Jah-
stemperatur verbinden. Den Rest trägt der ausgiebige
erbst mit meist wolkenfreier Sonneneinstrahlung dazu bei.
eshalb wächst auf den Molasse- und Moräneböden um Hag-
u, in einer Höhe von 400 bis 450 Metern, mit der Müller-
urgau-Rebe einer der anerkannt schönsten Weißweine
adens heran. 1884 wurde im benachbarten Meersburg der
ortige Winzerverein aus der Taufe gehoben, somit die zweit-
teste Genossenschaft Badens. Heute bewirtschaften Haupt-
d Nebenerwerbswinzer 50 Hektar Rebflächen. Besondere
rität ist eine Trockenbeerenauslese mit 165 Grad Öchsle.
och auch die Meersburger Winzer, die neben dem Staats-
eingut die Steilhänge der Burgenstadt und Reben in Stetten
wirtschaften, beherrschen noch ein weiteres Handwerk: sie
ellen mit Trester, Hefe, Äpfeln, Kirschen oder Williams-
rnen hochprozentige Wässerchen her, auf daß man sich
ch nach dem Urlaub am See noch an den Geschmack der
ndschaft erinnern möge.

Die Kirche von Hagnau während der Obstblüte

 Das Zeppelinmuseum in Friedrichshafen (oben) und die Seepromenade

Blick von der Uferpromenade auf die Friedrichshafener Schloßkirche, erbaut um 1700

Friedrichshafen in Kurzform: Zeppeline und Luftfahrt, Museen, High-Tech- und Automobilindustrie, ZF, MTU und Zepplin-Metallwerke, Kongresse und Tagungen, und natürlich die Messe mit jährlich zwischen 12 und 16 internationalen Ausstellungen, wie die Interboot, Eurobike und AERO, die Luftfahrtausstellung. „FN" ist aber auch Treffpunkt der Szene, ob zum Eis und Cappuccino an der Uferpromenade oder zum Kulturprogramm im Bahnhof Fischbach und zum Abrocken in der ehemaligen Kaserne im Fallenbrunnen. Immer mehr Großveranstaltungen mit Orchestern und international bekannten Rock- und Popstars gibt es ebenfalls in den geräumigen Hallen der Messe oder im Graf-Zeppelin-Haus, der guten Stube Friedrichshafens, direkt neben dem Yachthafen am Ende der Uferpromenade, mit drei Sälen, zehn Konferenzräumen, einem Restaurant und Café.

Der grandiose Luftschiffbauer Ferdinand Graf von Zeppelin war es jedoch, der schon zu Beginn des 20. Jahrhunderts für den noch heute andauernden Aufstieg der oberschwäbischen Bodenseemetropole sorgte. Die erste seiner legendären „fliegenden Zigarren", die von hier aus die Welt eroberten, stieg am 2. Juli 1900 vor Friedrichshafen-Manzell in die Luft. Auch jetzt, rund hundert Jahre später, kann man diese Ära nachvollziehen, wenn der hier entwickelte und gebaute Zeppelin NT, der Zeppelin Neuer Technologien, immer wieder am Himmel auftaucht und erneut Luftfahrtgeschichte schreibt. Heute wie damals stehen die Menschen sprachlos da. Die Heimat des NT ist jetzt noch ein riesiger Hangar, eine der größten Hallen Süddeutschlands, die extra für den NT am Rande des Flughafens Löwental gebaut worden ist.

Im altehrwürdigen Hafenbahnhof, dem heutigen Zeppelin-Museum Friedrichshafen, einem Haus für Technik und Kunst, kann man jederzeit nachvollziehen, wie LZ 127 „Graf Zeppelin" 1929 die erste Fahrt rund um die Welt über Lakehurst, Friedrichshafen, Tokio, Los Angeles und wieder nach Lakehurst zurücklegte. Im Innern des markanten Bauhaus-Gebäudes wurde dafür die 40 Meter lange Rekonstruktion eines Teils des 245 Meter langen Luftschiffes LZ 129 „Hindenburg" mit Hilfe von Originalplänen und Werkzeugen nachgebaut – inklusive karg ausgestatteter Kabinen mit ihren leichten Aluminiumbetten oder nobler Schreib- und Rauchsalons. Neben Dokumenten der Luftfahrt und Modellen zeigen Computerterminals und Industrieprodukte das Erbe Zeppelins. Auf den 3500 Quadratmetern Ausstellungsfläche wird auch Kunst präsentiert, wird ein breiter Bogen über fünf Jahrhunderte gespannt mit Gemälden und Skulpturen vom Mittelalter bis zur Gegenwart. Ein paar Meter weiter am Seeufer entlang steht das in jahrelanger Kleinarbeit aufgebaute Schulmuseum. Im originalgetreuen Klassenzimmer gibt's für „Taugenichtse" hin und wieder was auf die Finger. Norbert Steinhauser, einst Schuldirektor in Friedrichshafen, und der Weingartener Professor Erich Müller haben dort ihre Sammlungen untergebracht und zeigen in Sonderausstellungen stets neue Stücke aus ihrem fast unerschöpflichen Fundus mit Tintenfässern, Griffelkästen, Fleißbildchen, Landkarten, Städtebildern und natürlich Zeppelinen.

 LZ 4 vor Friedrichshafen

ZEPPELIN NT
D-LZFN
LZ N 07
Getriebe
Lenkungen
Achsen
ZF
ZEPPELIN

 Schloß Montfort in Langenargen, das im 19. Jahrhundert im maurischen Stil erbaut wurde

Bootsanlegestelle in Langenargen (oben). Terrassenidyll im Café von Schloß Montfort

 St. Georg auf der Halbinsel Wasserburg, ehemalige Kirchenburg des Klosters St. Gallen

Wasserburg ● ● ● ● ● ● ● ● ●

Vermutlich eines der meistfotografierten Motive am Bodensee ist Wasserburg, die weithin sichtbare „idyllische Halbinsel" am bayerischen Ufer des Bodensees. Das Schloß mit dem Staffelgiebel, der Zwiebelturm der Georgskirche, Mal- und Fuggerhaus fügen sich zu einer malerischen Einheit, die der kleinen Bucht auch den Namen „Malerwinkel" eintrug. Die Halbinsel, die bis 1720 eine Insel war, ist geschichtsträchtiger Boden: Erstmals 784 als Besitz des Klosters St. Gallen urkundlich erwähnt, diente die Insel im 10. Jahrhundert als Fluchtburg gegen die Hunnen, ging dann an die Herren von Montfort über, die Wasserburg im 16. Jahrhundert an die Augsburger Kaufmannsfamilie Fugger verkauften. Sie blieben bis 1755 Herren der Insel, und die Fugger waren es auch, die 1720 den Wassergraben zum Festland zuschütteten und damit aus der Insel eine Halbinsel machten – ein Ereignis, an das die reliefgeschmückte Fuggersäule am Eingang zur Halbinsel erinnert. 50 Jahre lang gehörte Wasserburg zu Österreich, 1805 fiel es an Bayern.

Wechselvoll auch die Geschichte der Bauten: die Pfarrkirche St. Georg entstand in ihrer heutigen Form und mit ihrer klassizistischen Innenausstattung in der ersten Hälfte des 19. Jahrhunderts, nachdem ein spätgotischer Bau ebenso wie die Barockkirche aus dem 17. Jahrhundert durch Brand schwer beschädigt worden waren. Auch das ursprünglich aus dem 13. Jahrhundert stammende Schloß, das wohl auf den Resten einer römischen Wehranlage steht, erlebte verschiedene Neu- und Umbauten. Seit 1812 befindet es sich in Privatbesitz und beherbergt heute ein Hotel. Einen Einblick in die Geschichte bietet das Heimatmuseum, das in dem von der Familie Fugger Ende des 16. Jahrhunderts als Gerichtshaus errichteten heutigen Malhaus untergebracht ist.

Besonders reizvoll auch der zur Seeseite hin mit einer Wehrmauer abgeschlossene Friedhof. Hier hat Horst Wolfram Geißler seine letzte Ruhestätte, Autor des 1921 erschienenen, weltberühmten Romans „Der liebe Augustin", der auch zum Teil in Wasserburg spielt. Und noch ein anderer Bezug zur Literatur: in Wasserburg wurde 1927 der Schriftsteller Martin Walser geboren, der heute in Nußdorf bei Überlingen lebt.

Im Park von Wasserburg (oben). Das Grab des Dichters Horst Wolfram Geißler

 Start zur größten Regatta auf dem Bodensee, der „Rund um den Bodensee" (oben). Surfen vor Langenargen

Kanusport auf dem Untersee (oben) und der letzte Raddampfer auf dem Bodensee, die „Hohentwiel"

 Lindauer Hafen in der Morgendämmerung

Lindau

In Lindau spürt man den Süden auf Schritt und Tritt: ob in einem der Cafés an der Hafenpromenade mit Blick auf den Leuchtturm und den bayerischen Löwen, ob in den romantischen Gassen oder in einem der Vororte, deren Villen und Herrschaftshäuser mediterranen Charme versprühen. Waschechte Lindauer aber wohnen direkt auf der bayerischen Bodenseeinsel oder besitzen dort ein Häuschen mit entsprechendem Panoramablick auf See und Alpen.

Auch das macht den Reiz des gut 60 Hektar großen und 1976 komplett unter Denkmalschutz gestellten Eilandes aus. Gerade 600 Meter ist es von Süden nach Norden breit. Innerhalb von zehn Minuten ist der Besucher fast an jedem Platz – vorausgesetzt, er wird in einer der winkeligen Gassen und in der Maximilianstraße mit ihrem teilweise noch 1000 Jahre alten Kopfsteinpflaster nicht aufgehalten. Denn Weinstuben, Gasthäuser, Geschäfte, Boutiquen oder Fotomotive gibt es hier genug. Und der Empfang ist überall gleich freundlich: ein herzliches „Grüß' Gott" und „Habe die Ehre" lockt selbst Mailänder zum Einkaufsbummel nach „Klein Venedig".

Lindaus Schokoladenseite ist ohne Zweifel der Hafen mit dem alten, im 13. Jahrhundert erbauten Leuchtturm. Die Einfahrt säumen der 33 Meter hohe neue Leuchtturm und der ebenfalls erst Mitte des letzten Jahrhunderts errichtete bayerische Löwe. Unbedingt anschauen: das alte Rathaus, das 1422 erbaut und 1975 nach Entwürfen aus dem Jahr 1885 renoviert wurde, oder das Stadttheater, das einst eine Klosterkirche war. Das Leben der von Obst- und Weinanbau geprägten bayerischen Seeregion spiegelt sich immer mittwochs- und samstagsmorgens auf dem Marktplatz wider, eingerahmt von der evangelischen Stadtpfarrkirche St. Stephan und der katholischen Kirche des ehemaligen Reichsfürstlich-freiweltlichen Damenstiftes. Gegenüber steht das Haus zum Cavazzen mit seinen Wandmalereien. Dieses 1729 nach einem Stadtbrand erneuerte Barockgebäude soll das „schönste Bürgerhaus am Bodensee" sein. Seit 1929 ist es Stadtmuseum und beherbergt auch eine Sammlung mechanischer Musikinstrumente. Am Schrannenplatz stehen der Diebs- oder Malefizturm und die über 1000 Jahre alte Peterskirche, eines der ältesten Bauwerke der Region. Um die Ecke: das teils aus dem 15. Jahrhundert stammende Gasthaus „Goldenes Lamm". Dort macht man es sich in der Alten Stube gemütlich, probiert die frischen Weißwürste und ein kühles Salvator-Bier. Aber Vorsicht bei der Terminplanung, denn Weißwürste dürfen auch in Lindau s'Zwölfeläuten nicht erleben.

 Wahrzeichen von Lindau – der bayerische Löwe und das Alte Rathaus, unten die Maximilianstraße

Der Sporthafen von Lindau mit seinem Wahrzeichen, dem bayerischen Löwen

 Blick auf Bregenz und die Seebühne, vielbesuchter Schauplatz der Festspiele

● ● ● ● ● Bregenz/Pfänder/KUB

Bregenz am Ostzipfel des Bodensees, die Landes- und Kulturhauptstadt des österreichischen Bundeslandes Vorarlberg, lernt man am besten auf dem Gipfel des Hausberges, dem 1064 Meter hohen Pfänder, kennen. Nur einige Meter vom Stadtzentrum entfernt ist die Talstation der großzügigen Panoramakabine der Pfänderbahn, die das ganze Jahr über in Betrieb ist. An der Bergstation breitet sich vor den Besuchern dann die ganze Faszination der Bregenzer Bucht aus, wo sich See und Berge wie in einem mächtigen Amphitheater begegnen.

Auf dem Pfänder laden zudem viele Wege zum Wandern und zum Radeln ein. So lassen sich auf dem gut acht Kilometer langen Käsewanderweg Sennereien, Almwirtschaften und Gasthäuser mit besonderen Käsegerichten im Angebot erkunden. Über den Pfänderrücken führen Wege hinüber ins Allgäu oder wieder runter an den See.

Die Pfänder-Bergstation ist auch Eingangstor zum Alpenwildpark, in dem Alpensteinböcke, Hirsche, Wildschweine, Mufflons oder Murmeltiere fast ungestört leben. Der Eintritt in diese Naturschau ist kostenlos. Und zwischen Frühjahr und Herbst lassen die Mitarbeiter der dortigen Adlerwarte Weißkopfseeadler, Steinadler, Wanderfalken und Berggeier fliegen und erläutern das Verhalten und die Lebensgewohnheiten der teils vom Aussterben bedrohten Vögel.

Derweil ist unten in der Stadt das ganze Jahr über Kultur angesagt. Immerhin bietet das kleinste Bundesland Österreichs über 1000 Kulturveranstaltungen. Die bedeutendsten haben Weltrang: Bregenzer Festspiele und Schubertiade. Im Juli und August lockt vor allem das Spiel auf dem See. 1946 wurde hier noch auf einem alten Kieskahn gespielt. Mittlerweile wird das Bühnenbild alle zwei Jahre auf mehreren hundert in den See gerammten Pfählen aufgebaut. Als weiteres Schmuckstück der 30000 Einwohnerstadt wurde direkt an die Bühne das Festspielhaus angebaut.

Das Kunsthaus Bregenz, kurz KUB, in der Stadtmitte zählt zu den architektonischen Highlights Vorarlbergs. Das KUB fasziniert allein schon durch den auffallenden und doch dezenten Glasbau, der gerade abends seine Reize hat. Im Innern wechseln sich regelmäßig die Ausstellungen ab. Etwas abseits liegt indes die mittelalterliche Oberstadt mit ihren malerischen Fachwerkbauten. Aber genauso lieben die Bregenzer ihren alten Rhein mit seinen Naturschutzgebieten und den verschlungenen Wegen durchs Rheindelta.

 Seilbahn auf den Pfänder (1064 m)

Der Alpenwildpark am Pfänder (oben). Freizeitvergnügen in Vorarlberg

 Blick vom Pfänder über den Obersee mit der Insel Lindau bis nach Konstanz

Obersee ● ● ● ● ● ● ● ● ● ● ●

„Dreiländersee“ wird der Bodensee auch genannt, gemeint ist damit in erster Linie der Obersee, an den die deutschen Bundesländer Baden-Württemberg und Bayern, das österreichische Vorarlberg sowie die Schweizer Kantone St. Gallen und Thurgau grenzen. Welcher Seeteil zu welchem Land gehört, ist allerdings nicht präzise festgelegt, bisher fehlt ein völkerrechtliches Abkommen über die Gebietshoheit. Lediglich für den Konstanzer Trichter gilt, ähnlich wie für den Untersee, eine aus der Mitte des 19. Jahrhunderts stammende Vereinbarung, mit der die Grenze zwischen Deutschland und der Schweiz etwa auf der Mittellinie festgelegt wurde.

Konstanz und Bregenz, zwei historische Städte, markieren die beiden Pole des Obersees und auch seine größte Ausdehnung. 46 Kilometer Luftlinie beträgt die Distanz, die mit einem Kursschiff der „Weißen Flotte“ in etwa vier Stunden überbrückt wird. Etwa auf halber Strecke, zwischen dem Friedrichshafener Ortsteil Fischbach und dem schweizerischen Uttwil, befindet sich mit 254 Metern die tiefste Stelle des Bodensees, zwischen Kressbronn und Rorschach ist er am breitesten: knapp 15 Kilometer ist hier das deutsche vom Schweizer Ufer entfernt. An keiner Stelle sind die gegenüberliegenden Ufer fest miteinander verbunden, doch gibt es zwei „schwimmende Brücken“: die Fährverbindungen zwischen Konstanz-Staad und Meersburg sowie zwischen Friedrichshafen und Romanshorn. Sie setzen rund um das Jahr nicht nur Personen über, sondern auch Personenwagen, Lkw und in wachsender Zahl Zweiräder. Während der Saison gehören zum See neben den tausenden von Segel- und Motorbooten auch die Kurs- und Ausflugsschiffe, die an allen Uferorten anlegen. Absoluter Star auf dem Wasser aber ist der historische Raddampfer „Hohentwiel“, nach detailgetreuer Restaurierung seit 1990 wieder im Dienst und den ganzen Sommer über als Ausflugsschiff unterwegs.

Wenn allerdings in besonders harten Wintern der See zu einer geschlossenen Eisdecke gefriert, stehen alle Räder still. Eine solche „Seegfrörne“ ist am Bodensee im wahrsten Sinne ein Jahrhundertereignis, sie gibt es nur etwa alle hundert Jahre, zuletzt 1963, was mit einem wochenlangen Volksfest gefeiert wurde.

 Der Rohrspitz, Naturschutzgebiet im Rheindelta zwischen Österreich und der Schweiz

Säntis ● ● ● ● ● ● ● ● ● ●

An Föhntagen steht er sozusagen direkt am See, jedes Detail der Gipfelbauten ist zu erkennen, beherrscht er das beeindruckende Alpenpanorama: der Säntis, Hausberg der Ostschweiz und mit 2502 Metern höchster Gipfel des Alpsteinmassivs, ist für die Bodensee-Region „der Berg" schlechthin. Man kann ihn besteigen, doch gibt es einen bequemeren Weg zum Gipfel. Von der Schwägalp aus, auf 1350 Metern Höhe im Appenzellerland gelegene Talstation der Säntis-Schwebebahn, geht es in geräumigen Kabinen hinauf. Der Ausstieg befindet sich direkt unter dem Gipfel, den Besucher empfängt an Tagen mit guter Fernsicht ein atemberaubender Rundblick auf die meist schneebedeckte Alpenkette, hinunter zum Bodensee und weit ins Land bis zum Schwarzwald und zu den Vogesen. Ein bequem angelegter Fußweg macht den kurzen Aufstieg zum Gipfelkreuz im Sommer und Winter gefahrlos möglich. Zum Verweilen laden die großen Aussichtsterrassen und die ausgedehnten Restauranträume der Säntisbahn ein.

Der Säntis war schon vor mehr als 100 Jahren „besiedelt". Das erste Berggasthaus entstand 1846, 1882 folgte die Wetterwarte, 1935 wurde der Aussichtsberg durch die Eröffnung der Seilbahn der Allgemeinheit erschlossen. Seit 1956 hat der Säntis neben der Wetterstation noch eine andere Funktion: die Schweizer PTT wählte den Berg in der Ostschweiz als Standort für ihr neues Richtstrahlnetz, ausgestattet mit modernsten fernmeldetechnischen Einrichtungen. Heute ist der Säntis eines der wichtigsten Zentren des Schweizer Fernmeldenetzes, über das unter anderem 30000 Telefonanschlüsse, drei nationale Fernsehketten, drei UKW-Radiosender sowie das Basisnetz für die Verteilung ausländischer Radio- und Fernsehprogramme in der Schweiz laufen.

So bequem man mit der Bahn hinauf- und auch wieder herunterkommen kann, das Säntisgebiet ist wie die gesamte Alpsteinregion aber auch ein ideales Ski- und Wandergebiet mit einem ausgedehnten Netz an gut gekennzeichneten Wegen, die durch unberührte Natur von einem Aussichtspunkt zum anderen führen.

 Säntis Bergstation (oben) und Gondel

 Die Hafeneinfahrt in Romanshorn

 Der Seerhein vor Gottlieben (unten) und die „Drachenburg"

Gottlieben ● ● ● ● ● ● ● ●

Mit 300 Einwohnern ist Gottlieben die kleinste selbständige Gemeinde der Schweiz. Das malerisch am Seerhein gegenüber dem mit dem Europadiplom ausgezeichneten Naturschutzgebiet Wollmatinger Ried gelegene einstige Fischerdorf besitzt mit den einheitlich erhaltenen Fachwerkhäusern einen der schönsten Dorfplätze der Schweiz. Im direkt am Rhein gelegenen Wasserschloß mit den zwei markanten Türmen wurde Geschichte geschrieben: das Schloß, ursprünglich aus dem 13. bis 14. Jahrhundert, war bis zum Ende des 15. Jahrhunderts Residenz der Konstanzer Bischöfe. Während des Konstanzer Konzils saß hier bis zu seiner Hinrichtung der tschechische Reformator Johannes Hus in Haft, auch der vom Konzil abgesetzte Papst Johannes XXIII. wurde hier festgehalten. Von 1837 bis 1842 war Prinz Louis Napoleon, der spätere Napoleon III., Besitzer des Schlosses, das sich seit 1798 in Privatbesitz befindet.

Gottlieben ist ein autofreies Kleinod, mit mehreren renommierten Restaurants ein Mekka der Feinschmecker und auch ein geeigneter Ausgangspunkt für Entdeckungsreisen. Zum Beispiel legen hier die Flußschiffe der Schiffahrtsgesellschaft Untersee und Rhein an, die bis nach Schaffhausen eine Fahrt auf einer der schönsten Stromstrecken Europas bieten. Nur wenig weiter öffnet sich der Seerhein in den Untersee, an dessen Schweizer Ufer sich malerische Fischerdörfer aneinanderreihen. Eines der schönsten ist sicherlich Ermatingen, das auch bekannt ist durch seine „Groppenfasnacht" , die angeblich „letzte Fasnacht der Welt", die jeweils drei Wochen vor Ostern und alle drei Jahre mit einem großen Umzug gefeiert wird. Als Insider-Tip bietet sich eine Wanderung auf dem Seerücken an, von dem aus man nicht nur prächtige Ausblicke auf Untersee und Rhein genießt, sondern auch Einblicke in Burgen, Schlösser und Kirchlein hat, die sich wie Perlen an einer Schnur entlang dieses Höhenzuges aneinanderreihen.

Für Radfahrer ist nicht nur das Schweizer Ufer, sondern auch das Hinterland ein Paradies. Rund 1500 Kilometer umfaßt das gut ausgebaute Radwegnetz im Kanton Thurgau, und wer es rustikal mag, dem bieten zahlreiche Bauernhöfe einen Einblick in authentisches Landleben an und sogar eine preisgünstige Übernachtung unter der Devise „Schlaf im Stroh".

Bildnachweis

Arndt 62, 63; Pfänderbahn AG 64, 65, 66, 67o., 67u.l, 67u.r.; Bucher 6, 10u., 33o.; Finke 40o., 40u.; Forster 65; Foto-archiv Blumeninsel Mainau 14o., 14u., 15; Kippenberg, 33u., 39u., 45o., 46o., 46u., 47, 49, 53o., 53u., 58o.l., 68/69, 71o., 71u.; Kuhnle 8/9, 12/13, 17, 18, 19, 20, 21o., 21u., 24, 25o., 25u., 26, 32, 35, 38, 39o., 41, 51o., 52, 55o., 56/57; Kur- und Verkehrsverwaltung Meersburg 43o.; Luftseilbahn Schwägalp-Säntis 72o., 72u., 73, 74; Marktanner 36o.; Moma 64; Napoleon Museum Arenenberg 27; Puttkammer 16o., 45u., 54o., 54u., 58o.r., 60/61, 80; Stuhler 59; Tourist-Information Konstanz 2/3, 5, 7o., 7u.; Wolff-Seybold 1, 4, 10o., 11o., 11u., 13o., 13u., 16u., 22o., 22u., 23, 28, 29o., 29u., 30, 31, 34, 36u., 37, 42, 43u., 44, 50, 51u., 55u., 58u., 70, 75, 76, 77o., 77u., 78o., 78u.; Zeppelin-Metallwerke 48; Umschlag Kuhnle.

Texte: Regine Klett und Gerhard Herr

Verlag und Vertrieb:
Stadler Verlagsgesellschaft mbH, 1999
D-78467 Konstanz, Max-Stromeyer-Straße 172

ISBN 3-7977-0410-0